LETTRE

ADRESSÉE A MONSIEUR

LE DUC DE BROGLIE

LETTRE

ADRESSÉE A MONSIEUR

LE DUC DE BROGLIE

AU SUJET

D'UNE MISSION FAITE A POSEN

POUR

LES PRISONNIERS DE GUERRE FRANÇAIS

PARIS

TYPOGRAPHIE LAHURE, RUE DE FLEURUS, 9

1871

LETTRE

ADRESSÉE A MONSIEUR

LE DUC DE BROGLIE

AU SUJET

D'UNE MISSION FAITE A POSEN

POUR

LES PRISONNIERS DE GUERRE FRANÇAIS.

MONSIEUR LE DUC,

Ayant passé plusieurs mois en qualité de missionnaire, au milieu des soldats français détenus à Posen, j'ai pensé que certaines remarques que j'ai faites sur le côté moral et religieux de l'armée française pourraient être de quelque utilité dans les réformes qu'on entreprend aujourd'hui pour la régénération de la France.

Le dévouement dont vous avez fait preuve, monsieur le Duc, pour les intérêts de l'Église et de la France, m'encouragent à vous les adresser; et votre influence dans les affaires politiques actuelles me donnent l'espoir que mon travail ne sera pas inutile.

Parmi les onze à douze mille Français casernés à

Posen il y avait des hommes originaires de toutes les parties de la France, sortis de toutes les classes de la société, appartenant à presque tous les régiments tant de l'armée régulière, que de la garde mobile. Le gouvernement prussien a sans doute fait exprès ce mélange pour mieux empêcher toute entente. Mais cette circonstance m'a donné le moyen de voir de près tous les éléments de l'armée française.

J'ai donc trouvé en général un fonds de foi et de principes religieux qui a surpassé mon attente, une grande facilité à revenir aux sentiments du devoir et de la religion quand on les rappelle à leur souvenir, une certaine noblesse de caractère qui donne prise aux sollicitations de la vertu.

Ces hommes, avec toutes les qualités qui les distinguent, s'ils avaient des ministres de la religion pour leur rappeler souvent les principes de la foi et de la morale, feraient non-seulement d'excellents soldats, mais de bons chrétiens, et partant des gens de bonnes mœurs, des citoyens utiles, sûrs et dévoués à tous leurs devoirs. Mais tant de causes ont concouru sous le gouvernement impérial à les démoraliser, que l'œuvre de destruction a fait des progrès épouvantables. Ils ont été négligés sous le rapport moral au delà de toute expression. L'oubli et l'ignorance de la religion qu'on voyait parmi eux, étonnaient non-seulement le peuple polonais, mais même les Prussiens protestants. J'en ai trouvé bon nombre qui ne s'étaient jamais approchés des sacrements, beaucoup qui ne savaient plus aucune prière. J'ai fait la connaissance entre autres d'un jeune Parisien aimable, délicat, bien doué de la nature, qui n'avait jamais entendu le nom

de Jésus-Christ, et n'avait aucune idée du christia-
nisme. Enfin, ce qui touche surtout notre question, la
plupart n'avaient pas pu s'approcher des sacrements
pendant tout le temps du service militaire.

En vain dirait-on qu'ils sont libres d'accomplir
leurs devoirs de religion. Il suffit d'entrer dans le dé-
tail de leur vie pour se convaincre que cette liberté,
sous l'empire n'était qu'illusoire. D'abord on leur pre-
nait le temps que ces devoirs exigent. Et cela se fai-
sait d'une manière si régulière et si systématique
qu'il est difficile d'y méconnaître une tendance anti-
religieuse avouée. Jamais ils n'étaient plus occupés que
dans la matinée du dimanche ; alors les exercices, les
revues, les travaux se multipliaient sans répit ; tandis que dans l'après-midi ils étaient livrés comme exprès à l'oisiveté et au vice. J'en ai vu qui pendant
plusieurs années n'avaient pas pu entendre une seule
fois la sainte messe, malgré le désir qu'ils en avaient.
Telle était la liberté de culte qu'on leur laissait. Il s'ensuit que ceux-là même qui apportent de leurs familles
la foi et des mœurs saines , à l'armée, éloignés forcé-
ment de l'Église, n'entendant jamais la parole de
Dieu, sont moralement nécessités de perdre ce trésor
aussi précieux pour la patrie que pour les individus.

De plus, les soldats, se trouvant dans des conditions
exceptionnelles, n'ayant point de domicile mais chan-
geant fréquemment de demeure, en un mot, formant
une classe à part, tout à fait distincte du reste de la
société au milieu de laquelle ils vivent, ont absolument
besoin de prêtres qui soient particulièrement attachés
à leur service, qui soient assez nombreux pour s'occu-
per de tous les soldats catholiques, qui suivent le régi-

ment dans les changements de garnison, qui enfin soient à même de connaître leurs gens, de les instruire touchant la religion et la morale, de leur en rappeler souvent les devoirs, de leur administrer les sacrements et de les y inviter de temps en temps. Car d'après l'Évangile que professent ces soldats, le pasteur doit connaître ses brebis et doit en être connu : ce qui est d'autant plus indispensable dans les conditions difficiles où se trouve le soldat. Tous les gouvernements, même protestants, qui ont pris quelque soin du moral de leurs armées, ont compris cette nécessité, et ils n'ont qu'à se louer d'y avoir pourvu. Et le nouveau gouvernement français, qui entreprend la tâche bien louable de découvrir et de réparer les fautes du régime précédent, ne peut pas fermer les yeux sur celle-ci.

Nous autres, prêtres étrangers, qui nous sommes occupés des prisonniers de guerre détenus dans nos pays, nous avons été si stupéfaits de leur état déplorable quant à l'instruction et à la pratique de la religion, que nous étions tentés d'accuser de négligence le clergé français. Mais on nous a répondu que non-seulement l'armée française n'avait point d'aumôniers réguliers en temps de paix, et en temps de guerre seulement un nombre insignifiant, mais que même les prêtres diocésains qui voulaient prêter leurs secours aux soldats, éprouvaient des tracasseries et des difficultés insurmontables. Je veux bien ne pas attribuer ces vexations à une manœuvre étudiée, mais au mauvais vouloir de quelques chefs inférieurs. Cependant tout gouvernement qui ne veut pas ruiner le moral de son armée, doit veiller à empêcher de pareils abus. En un mot, si l'on ne procure pas aux militaires des aumôniers dans les conditions dont j'ai parlé, leur liberté de conscience n'est nullement sauvegardée ; car, vu les circonstances du service militaire, ils sont, sans ce secours, dans l'impossibilité morale de satisfaire aux exigences de leur conscience et du culte qu'ils professent.

A toutes ces entraves s'ajoute encore un respect humain démesuré. Pour en donner un échantillon, au camp de Lamsdorf, sur les six mille prisonniers qui y étaient détenus, aucun n'a osé faire ses pâques, si ce n'est en grand secret, par crainte de ses camarades. Oui, le soldat est coupable de se laisser influencer par l'exemple ou la crainte des risées jusqu'à forfaire à sa conscience. Mais quand on considère que ces pauvres gens sont privés par l'autorité des secours religieux qui pourraient contre-balancer ces influences funestes, que chaque acte religieux qu'ils font les expose non-seulement aux insultes des compagnons d'armes, mais même aux injustes traitements de beaucoup d'officiers, qu'ils vivent sous un régime complétement athée, et qu'avec tout cela ils n'ont personne sur qui appuyer leurs convictions, on reconnaît alors que ce n'est pas le soldat qui est ici le plus coupable, qu'il n'est pas suffisamment libre dans les affaires de sa conscience, et qu'au nom de cette même liberté le gouvernement devrait prendre certaines mesures pour contre-balancer et réprimer cette inique pression.

Or quelles sont les suites de ce régime irréligieux qu'a subi l'armée française ? Je les ai vues de près, et je puis en dire quelques mots. Personne plus que le soldat n'a besoin de principes solides et de motifs de conscience puissants, capables de le maintenir dans

le devoir au milieu des circonstances les plus difficiles
et jusqu'en face de la mort. De tels principes, de tels
motifs ne se trouvent que dans la religion; et en eût-
on trouvé ailleurs, certes ce ne serait pas pour le soldat. Donc, en le détournant, comme on l'a fait, de la
pratique de sa foi, en favorisant l'irréligion, on en fait
un homme sans principes, sans conscience, sans motifs supérieurs d'action, et par là même on porte à
l'armée une plaie mortelle. La première conséquence
qui s'ensuit est le débordement des mœurs.

Je n'ai pas besoin de m'étendre sur ce sujet; personne n'ignore le fait, et jusque dans ces pays-ci il est
devenu proverbial. Inutile aussi de montrer combien
cette plaie est nuisible et désastreuse pour l'armée,
combien elle énerve ce qu'il y a de viril dans le caractère et la constitution. Nos paysans même, dans leur
simplicité, en ont fait de très-judicieuses remarques, et
les simples soldats français les avouaient aussi. Or, il
est incontestable, en face de l'histoire et de la raison,
que le vice est toujours dans les masses en proportion
de l'irréligion; donc, pour y remédier, l'unique moyen
est de faire revivre les sentiments religieux. J'ajouterai
que l'administration militaire, au lieu de limiter et de
réprimer l'immoralité par les moyens dont elle dispose,
ne la favorise que trop souvent. Par exemple les soldats qui font le service de vingt-cinq ans sont privés
jusqu'à la vieillesse du droit de mariage, et pourtant
obtiennent officiellement pendant ce temps la permis-
sion infâme de vivre en ménage.

Une autre conséquence de ce système est l'insubor-
dination, dont on ne cesse de se plaindre sans jamais
en rechercher les premières causes, et les remèdes ra-

dicaux qu'on pourrait y appliquer. J'ai entendu les troupiers prussiens s'étonner de voir les soldats français traiter avec si peu de respect leurs chefs compagnons de leur captivité. C'est qu'ici le respect de l'autorité est chose de conscience, la religion en est la sauvegarde, il pénètre, comme tous les sentiments religieux dans ce que l'âme a de plus intime, et ne vacille point avec les péripéties des événements. Tandis qu'où la conscience est étouffée, où la religion est bannie au nom même ou du moins à l'exemple de l'autorité, cette autorité n'a plus d'appui dans l'âme, elle ne commande plus qu'en vertu de la salle de police, elle est jugée dans chacun de ses actes par le simple soldat, souvent méprisée, honnie, le moindre faux pas qu'elle fait, le moindre échec qu'elle subit suffit pour la renverser, mettre partout le désordre et faire échouer les plans les mieux concertés, les attaques les mieux dirigées. Ce côté faible de l'armée française mérite la plus grande attention de la part du gouvernement. Car, bien certainement, ni les chassepots ni les mitrailleuses ne contre-balanceront l'avantage qu'il donne à l'ennemi. Mais encore une fois, ces maux-là ne se guérissent pas avec des remèdes appliqués extérieurement, si l'on s'obstine à en négliger la source intérieure, qui est le bouleversement des principes de conscience.

Encore une fatale conséquence des mêmes causes, que tout le monde sans doute ne voudra pas admettre, mais qui n'en est pas moins très-réelle et très-grave, c'est que ce système de démoralisation religieuse, démoralise aussi l'armée sous le rapport de la valeur dans les combats et de l'énergie dans les fatigues des campagnes. L'homme qui est affaibli par une vie de désordre, qui croit tout perdre en perdant la vie présente, qui ne trouve dans sa conscience que troubles et inquiétudes, n'est jamais en face du péril tel qu'il serait s'il avait la conscience en paix et la conviction que l'accomplissement du devoir est récompensé au delà de la tombe. Puisque, par la force des choses, le gouvernement français doit recruter ses soldats au sein d'une population catholique, il est obligé de satisfaire à leur conscience, de veiller même, autant qu'il peut, à ce que leur conscience soit en paix. S'il l'avait fait, il eût au moins doublé leur valeur et leur énergie; ces natures guerrières eussent fait des prodiges. Je parle ici en connaissance de cause; j'ai souvent et intimement conversé avec les soldats français, je suis entré dans le secret de leurs cœurs, et je puis affirmer que jamais la proclamation du général ne remplace dans l'âme du soldat l'absolution du prêtre. La proclamation est une secousse électrique, son effet ne dure pas même le temps d'une attaque; l'absolution rend la vie et relève toutes les forces morales de l'homme.

Je puis affirmer aussi que la plupart des soldats français croient en une providence divine qui gouverne les chose humaines; et par suite, lorsqu'ils se sentent individuellement et socialement coupables envers Dieu, ils ont moins de confiance et d'espoir du succès. Nous savons bien, mon père, me disaient-ils après leur échec, pourquoi nous avons été malheureux. Et ils m'énuméraient eux-mêmes les crimes que je regardais aussi comme la cause de ce sévère jugement de Dieu.

Dans la dernière campagne, amis et ennemis ont reconnu la valeur des soldats polonais enrôlés par force dans l'armée prussienne. Et pourtant ils se battaient pour une cause étrangère, contre un peuple pour lequel ils conservent une affection traditionnelle; ils ne comprenaient même pas la langue de leurs chefs; mais tous s'étaient confessés, tous s'étaient munis de médailles de la Vierge, matin et soir ils faisaient leur prière, et jusque dans le pays ennemi ils ne manquaient jamais l'occasion d'entrer dans les églises et d'y prier à genoux. Aussi sur le champ de bataille ils ont affronté la mort avec un calme et un courage surprenant. Le gouvernement prussien a su apprécier cet avantage au point de vue stratégique, et il n'a pas épargné les dépenses pour leur fournir abondamment des prêtres et tous les secours religieux, aussi bien en campagne qu'en temps de paix. S'il avait au contraire violenté ces soldats dans leurs convictions religieuses, certainement il y aurait beaucoup perdu.

Telles sont donc les suites d'une administration militaire telle qu'elle a été en France, sous le régime précédent. Essentiellement irréligieuse, elle a cru pouvoir se passer de la force morale et la remplacer par la puissance de l'art et de la matière. Nous en avons vu les tristes et nécessaires conséquences. Donc pour y remédier il faut, avant tout, mettre les soldats à même de pratiquer leur religion avec tous ses devoirs, qui sont incontestablement compatibles avec les devoirs de l'état militaire. C'est là seulement ce qu'exige le droit de la liberté de conscience. Mais si l'on désire sérieusement une réforme radicale, il faut encore, de concert avec les évêques, aviser aux moyens d'aider et de protéger dans l'armée le développement du sentiment religieux. C'est à ces conditions seulement qu'on rétablira dans les armées françaises la moralité, la discipline, la subordination, le sentiment du devoir et l'énergie du dévouement.

Voici les principales remarques que j'ai recueillies et que j'ose vous présenter, monsieur le Duc. Comme Polonais, ami de la France, et comme prêtre, ami de toutes les âmes, j'ai cru de mon devoir de les communiquer à quelqu'un qui, partageant mes convictions religieuses, puisse entrer dans mes idées, et qui, par sa position dans les sphères politiques, puisse en tirer quelque parti. Je n'ai sans doute rien dit de nouveau; les tristes symptômes dont j'ai parlé sont étalés aux yeux de tout le monde en France; les causes de ces maux sont aussi fort évidentes pour quiconque veut les voir. Mais, étranger d'origine, en dehors des factions politiques et peu suspect de partialité, j'ai voulu ajouter mon grain de sable dans la balance du bien.

Agréez, monsieur le Duc, l'assurance de mon respect et de la haute considération avec lesquels j'ai l'honneur d'être,

Monsieur le Duc,

Votre serviteur en Dieu,

IGNACE MORAWSKI.

Prêtre.

Cracovie, septembre 1871.

PARIS. — TYPOGRAPHIE LAHURE
9, rue de Fleurus, 9

www.ingramcontent.com/pod-product-compliance
Ingram Content Group UK Ltd.
Pitfield, Milton Keynes, MK11 3LW, UK
UKHW020206080726
13614UKWH00006B/2651